Ich singe deinen Namen

AF236013

Anne Höver OFS (Ordo Franciscanus
Saecularis) ist Diplompsychologin.
Sie ist christlich-jüdisch inspiriert und hat
Hinduismus, Buddhismus und Tibetologie
studiert.

Von Anne Höver sind bei BoD weiterhin
erhältlich die Titel *Mandelzweig und Eisvogel,
Die Nachtigall, Licht im Licht, Salomon singt,
Karols unendliche Reise.* und *Seerosen leuchten*

© 2021 Anne Höver
Herstellung und Verlag: BoD - Books on
Demand, Norderstedt
ISBN 9-7837543-47966

Anne Höver

Ich singe deinen Namen

Neue franziskanische Gebete

Für die Franziskanische Familie

Die ewige Sonne strahlt
in Deinem Glanz
oh Herr
demütig folgen Dir
die Sterne des Alls
die fernen Welten
ziehen Deine Bahnen
und alles was ist
regierst Du
in Weisheit
und Liebe
allmächtiger Gott Jahwe

Jubel im Allerheiligsten
Erzengel singen
Welten schwingen
Hymnen klingen
Dir zu Ehren
ewiger himmlischer Vater

Lichtgeborene Welt
aus dem Urknall
aus der Größe
eines Sandkorns
Milliarden Galaxien
expandierendes All
gezündet vom Allerheiligsten
Vater im Himmel
Gott Jahwe

Heiteres Licht
in der Nacht
vom hellen
Glanz gebracht
funkelnde Sterne
umgeben mich
Echo und Widerhall
ein Lichtermeer
geborgen heute Nacht
Glanz
vom Ewigen Vater
erdacht

Licht bist Du mir
in der Stille
steigt mein Gebet
auf zu Dir
Allerheiligstes
göttliches Licht
bist Du mir

Heiteres Licht
Wärme
Sonnenschein
Glanz
und Strahlen
Zartrosa
am frühen Morgen
rot und violett
in der Abenddämmerung
du lebendige Sonne
Lichtfülle
Ebenbild
des ewigen
himmlischen Vaters

Jesus Christus
Dein Kommen
erwarten die Menschen
seit Jahrtausenden
Jesus Heiland Herr und
Retter
Bald ist Weihnacht
und Friede
soll sein auf der Erde
so ist es der Wille
des Himmlischen Vaters
seit jener Heiligen Nacht
in Bethlehem
in der das Jesuskind
geboren ward

Licht der Welt
Jesuskind
das in jedem Kind
aufscheint
das auf dieser Erde
geboren wird
denn was ihr
dem geringsten
eurer Brüder tut
das habt ihr Mir getan
Jesus Licht der Welt
das in jedem Menschen
leuchtet

Jesus Christus
ist uns heut geboren
Alle Glocken klingen
im Himmel hoch
die Engel singen
und wollen uns Allen
Freude bringen
in dulci jubilo

Selige Nacht
Nacht der Nächte
in der das Licht
geboren ward
in einem kleinen Kind
in der Krippe
im Stall
zu Bethlehem
Der Weihnachtstern
steht still
in Anbetung
des Kindes
unseres Herrn

Heilige Nacht
die uns das Glück gebracht
die Liebe des Jesuskindes
umfängt uns seit heute Nacht
Heilige Nacht
die uns das Glück gebracht

Strahlender Glanz bist du
Herr Jesus Christus
Unser geschenkter Himmel
bist Du
der uns allen leuchtet
Unser helles Licht bist Du
seit dem Du uns geboren
zur Weihnachtszeit

Das Allerfeinste
ewige göttliche Kind
wohnt im Inneren
im allerschönsten Licht
des Herzens
eines jeden Menschen
seit jener heiligen Nacht
die uns den Gottessohn
in Bethlehem
auf die Erde gebracht

Allerhöchster Allmächtiger
gütiger Gott
Wie schön lobt Dich
die ganze Schöpfung
Alle Blumen blühen Dir
und beten dich an
mit ihrer Schönheit
und ihrem feinen Duft
Der flinke Hirsch
und das Reh im Wald
loben Dich
wie alle schönen Tiere
Herr wie schön
ist Deine Schöpfung
alle blühenden Bäume
die Wälder
und Berge
und Meere
hast Du wunderschön
geschaffen
Es preist Dich

die Sternenwelt
alle Weltalle gehören Dir
Du Vater aller Menschen
sei ewig allerhöchst
angebetet
der Du Deinen Sohn
unseren Heiland
Jesus Christus
gesandt hast
um uns
durch Deine unermessliche
Gnade zu erlösen

Himmlischer Vater
in Winternacht
am Sternenhimmel
nickst Du mir zu
mit Deinen Sternen
Sie treten zusammen
bilden Sternrosen
am nächtlichen Firmament
Viele Wunder hast Du
am Himmelszelt
Du regierst die Welten alle
alles was ist
folgt Deinem Gesetz
Ewig will ich Dich
Allerhöchster
anbeten
und Dir Dank sagen
für alle Deine Wunder

Jesuskind Du wunderbares
voller Liebe Licht
und Sonnenschein
voller Glanz und Leuchten
mit Lächeln sternengleich
erlöst die ganze Welt allein

Ein Windhauch
kommt über das Land
Veilchenduft im Moos
in Wald und Flur
Atem der Natur
In der Andacht des Herzens
wende ich mich an Dich
gepriesene Muttergottes
Maria
die Du den Heiland
getragen hast
Bitte für uns
bei Deinem Sohn
der aus purer Liebe zu uns
Mensch geworden ist

Göttliches Licht
in der Nacht
das uns die Liebe gebracht
Es singen die Engel
in Chören
Dein Lob
Himmlischer Vater
zu mehren
Göttliches Licht
in der Nacht
das uns der Vater
im Himmel gebracht

Jesuskind
du wunderbares
höchstes Kind
der ganzen Welt
Erlöst allein
die Menschen alle
wie es dem Vater selbst
gefällt

In strahlendem Glanz
sind sie erschienen
die Engelswelten
Musikanten
und die Chöre
zu loben und zu preisen
des Allerhöchsten Ehre

Bruder Sonne
Leuchtendes Gleichnis
des himmlischen Vaters
der uns wärmt und schützt
mit Seinem Licht
und Seiner treuen Liebe

Segen von Oben
Des Höchsten Vater Jahwes
Liebe durchströmt das All
Jede Pflanze jedes Tier
Eine jede Vogelstimme
und die Schönheit
jedes Menschenkindes
erzählen
von Seiner Herrlichkeit
Seiner Pracht
und Seiner guten Liebe

An den Ufern des Meeres
singe ich Deinen Namen
Oh Herr Allmächtiger
Gütiger Gott Vater Jahwe
Aus jeder duftenden Blume
erblüht
Deiner Schöpfung Pracht
Der gestirnte Himmel
lobt Deine Größe
und Schönheit
Dir himmlischer Vater
will ich singen alle Tage
in großer Dankbarkeit
Liebe und Demut

Erstes Gebet nach
Sonnenaufgang
Rosafarbener Himmelrand
Milde Wolkenpracht in Bläue
Vogelstimmen
aus den Bäumen
Lobpreis der Schöpfung
dem Höchsten, der Alles
so herrlich erdacht

Nächtliches Firmament
Licht bestickter
Sternenhimmel
Glanz im tiefen Blau
viel tausend Diamanten
eine leuchtende Sonne
ist jeder Stern
Lichter aus dem Weltall
Leuchten am Abend
Trost in der Nacht
Blick in den Himmel
in unendliche lichte Weiten
die der höchste
himmlische Vater schuf
und so herrlich regiert

Nachtgebet
in der Stille
Sterne scheinen
am nachtblauen Himmel
geborgen beim Höchsten
gütigen Gott Jahwe
Die mitternächtliche Sonne
des himmlischen Vaters
in mir so nah
Wärme
und Stille

Morgenlob
Konzert in der Frühe
die Seele singt
jubelnd zu dir
Oh Gott
meinem Retter
durch den Schlaf
der Nacht
hast Du mich geführt
Deine schützende Hand
ist alle Zeit
mit mir Oh Gott
mein Himmlischer Vater
und mein Heiland
Jesus Christus
Herr des Erbarmens

Melodie der
Morgendämmerung
Sonate des Mondlichts
Sternenkonzert
Anima mea im Gesang
voll Dankbarkeit
mein Jesus und mein Heiland
bin ich Dir
und Deiner treuen Liebe
Meine Lippen singen
das Morgengebet
laudate Dominum
Gott Sabaoth
den unendlichen
treuen liebenden Gott

Sonnenlied
singendes Gestirn
voller Licht
und Wärme
Heller Glanz
den der Vater
im Himmel
dein Schöpfer
dir geschenkt hat
Großes Weltall
Gott Himmlischer Vater
Du hast dies
in Deiner Allmacht
erschaffen
Himmel und Erde
und alle Weltalle
die in den fernsten
Regionen existieren
Ewige Anbetung
Dir Gott Jahwe
und allergrößten Dank

Edelsteinfarbener Sommer
Spätametyster Abenhimmel
Smaragdgrüner Wald
Saphirblauer See
Jadegrünes Schilf
Zartrosa Seerosen
ein sanfter Hauch
über Allem
inmitten göttlich
schöner Natur

Mittagsmusik
in seliger Einheit
mit dem himmlischen Vater
im eigenen Inneren
Heiliger Hauch
sanfter Klang
Engelsmusik
so wunderbar
im Herzen

Sternbild des Kranichs

Oh lasst ihn ziehen
den Kranich
über Berge
über Sternenwelten
Hat er doch
die reine weiße Emotion
eines Schneefeldes
die Stimme
eines Psalters
den Herzschlag
einer Glocke
die ruft zum Gebet
zum Herrn
Er zeigt den Weg
ist ein Fingerzeig
der weiße Kranich

Ritt auf dem großen Bären

Heute Nacht
funkeln alle Sterne
Wir reiten
auf dem großen Bären
sitzen auf seinem
lichten Rücken
reiten hinein
in tausend Galaxien
getragen von Sternen
hinein
in das singende Weltall
in das große kosmische
Konzert

Mit Sternen geschrieben

Mit funkelnden Sternen
geschrieben
am Nachthimmel
ist die Geschichte
einer großen Liebe
Es atmet die Welt
den Duft der Zärtlichkeit
Jeden Tag küsst die Sonne
den Morgen
Weltschöpfer
schön ist Deine Liebe

Das Lied der Wega

Das Sternbild der Wega
Ein Pierrot, der tanzt
Eine Scheibe
Ein kreisendes Ufo
mit seiner sternfunkelnden
Besatzung
Buntes Treiben
funkelnder strahlender
Scharen
von viel tausend einzelnen
Sternen
farbige Nebel
rot, weiß, blau, gelb und grün
Schimmernde
Wasserstoffschwaden
Flimmerndes Pierrotkleid
inmitten kosmischer
Schönheit

Lied der Andromeda

Fern der Erde
fern der Milchstraße
der vertrauten
die kreist, dahinzieht
wirbelst du
diamantenübersäte
Andromeda
in deinem kosmischen Tanz
gleichst du
einem wirbelnden Derwisch
dem drehenden Tanz
des Pir Vilayat Inayat Khans
des Gottesfreundes
Brillantübersät
verneigst du dich
am Ende deines
Sternentanzes
vor deinem Schöpfer Jahwe
deinem Gott und Vater

Weltalltanz

Unsterbliches Licht
geht vom ewigen
Gottvater aus
Das ganze Weltall
singt und tanzt
zu Seiner Ehre
Jede Galaxie
hat einen eigenen Reigen
für Ihn
Die eine
tanzt eine Gavotte
die andere
eine Polonaise
Wieder andere
tanzen ein Menuett
oder eine Quadrille
Weltalltanz
den Höchsten zu preisen

Sternenlieder sing ich

Sternenlieder
sing ich Dir
wenn nachts
Dein Rosenduft
mein Haar umstreicht
Liebeslieder dicht ich Dir
wenn Dein Sonnenblick
mich ganz umfasst
Heller Schein
zur Mitternacht
bist Du mir
Dein mildes Licht
Du guter Gott
begleitet mich
mein Leben lang
Wenn das Auge
mir gebricht
so hält mich fest
Dein gutes Licht

Das Lied der Milchstraße

Millionen Sterne
singen ein Milchlied
Aus Jahwes Willen
entsprungen
ein funkelndes milchiges
Band
Drehender Dikus
der in wirbelndem Tanz
einen Reigen aufführt
zur ewigen
kosmischen Musik
aus Licht in Materie
und Form aus Atomen
Molekülen, Quarks
und Superstrings
Ein Galaxienbrausen
Ein funkelndes, lichtvolles
kosmisches Konzert

Sternbild Wasserschlange

Ich winde mich
ziehe als Band
zum Schmuck
als Armreif
an Jahwes Hand
über den Himmel
Funkelt und blitzt
doch jeder meiner Diamanten
zu Seiner Ehre
Ich kleine sternenübersäte
Wasserschlange
Demütig verneige ich mich
vor dem Weltschöpfer

Lied des Wassermanns

Ich Wassermann
Sternbild
voll universeller Liebe
Weisheit und Harmonie
gieße aus mein
kosmisches Erbarmen
Ich bin Jahwe
selbst geweiht
der das Weltall
in Seiner Hand hält
es aus Sandkorngröße
erschuf
Ich künde die Gottesliebe
und die Nächstenliebe
wie die Liebe zu sich selbst
die zehn Gebote
und die Naturgesetze
des einen Jahwe
der alle Gesetze schuf

wie er sie will
der Wunder wirkt
zu aller Zeit
der den Urknall gezündet hat
Ehre sei Ihm
für alle Ewigkeit

Sternbild der Fische

Wir Fische
sind die Christen
am Firmament
mitten in der Milchstraße
Ichtys, der Fisch
meint Jesus Christus
Gottes Sohn, Erlöser
Vor zweitausend Jahren
wurde Er geboren
unser Heiland
Herr und Meister
Wir sind Seines Zeichens
und Zeichen
des Vaters Jahwe
der uns schuf
Wir singen Fischlieder
des Lichts

Heilig heilig heilig
ist der Herr
Gottvater Jahwe
der die zahllosen Sterne
des Weltalls erschuf

FSC
www.fsc.org

MIX

Papier aus ver-
antwortungsvollen
Quellen
Paper from
responsible sources

FSC® C105338